Renate Alf

CARTOONS

für ErzieherInnen

Renate Alf

CARTOONS
für ErzieherInnen

Herder Freiburg · Basel · Wien

Renate Alf, 1956 in Göttingen geboren, seit 1974 in Freiburg. Studium der Fächer Französisch und Biologie. Anschließend Referendariat am Gymnasium.
Seit Ende des Referendardienstes (1983) als Cartoonistin tätig. Veröffentlichungen u.a. in Badische Zeitung, Natur, Brigitte, Eltern; außerdem sind bisher vier Cartoonbände von ihr erschienen.
Renate Alf lebt mit Mann und vier Kindern in Freiburg.

4. Auflage

Druck und Einband: Proost, Turnhout 1998
ISBN 3-451-26391-2

Als Anerkennung für Ihre erzieherische Kompetenz...
...und Ihr pädagogisches Engagement haben wir...
...Ihre Gruppe um 2 Kinder aufgestockt.
Ra

-Scharlach!
-Salmo-
nellen!
-Schmut-
zige
Wörter!
Ra

Einen Mann als Erzieher haben wir uns schon immer ge-wünscht!
Kindergarten
Ra

Unentbehrlich: Techniken zur eigenen Streßbewältigung!

Erzieher/in

Arbeit mit Kindern ist ja bei Frauen...
...nur die natürliche Berufung!
Und bei Männern?
Da ist sie der Beruf!
Ra

Kommt „Träger" eigentlich von „träge"?
Manchmal schon...!
Ra

Sie suchen einen Kinder-Gärtner?
Kinderhaus Neustadt
Ra

Gleich hab ich noch Supervision.
Morgen treffen wir uns, um den Basar zu organisieren...
Und übermorgen ist Elternabend!
Sagen wir: Freitag nach der Fortbildung!
Wenn ich nicht zu müde bin...!
Deswegen hatten sie früher Nonnen im Kindergarten!
Pa

Erzieherinnen auf der Couch:

Traumjob!

ELTERN FORDERN:
LANGER DONNERSTAG
im KINDERGARTEN!
mit Abendbrot!
Ra

Eltern für die Erfüllung des Rechtsanspruches!
ELTERN GEGEN ÜBERFÜLLUNG DER KINDERGÄRTEN!!
Erzieherin für berufliche Erfüllung!
Ra

Ausgerechnet am Wochenende, ...
... wo man gern seine Ruhe hätt', ...
... ist der Kindergarten geschlossen!
Ra

Tun Sie was!! Sie haben doch Erzieherin gelernt!
Ra

Ich bin damals Erzieherin geworden, …
… um mich auf meine zukünftige Rolle …
… als Mutter vorzubereiten.
Erstmal an fremden Kindern üben … !
Ehrlich gesagt:
Säuglingsschwester wär schlauer gewesen … !
Ra

ELTERNABEND

Ich glaube, da ist ein Elterngespräch fällig ...
Ra

KINDERGARTEN
tatü!
Bloß wieder eine Erzieherin mit Nervenzusammenbruch!
Ra

Kinder-
garten
St. Lioba
ribbel!

Ist der TÜV-geprüft?

Verhaltensauffälligkeiten:
27. Sonstige

Frau Hübner! Versuchen Sie doch bitte mal, Ihr Kind pünktlich abzuholen!
Tut mir leid! Ich komm oft nicht pünktlich weg!
Ich bin Kindergärtnerin!
Ra

Wenn Sie ihm das bitte abgewöhnen könnten...
Gruppe 4
pisch!

Gottes Lohn
Gehalt

Fortbildung:
KINDER
einst
heute
Ra

Finale

Und nun zum letzten Punkt unserer Arbeitsbesprechung:
„Wie motiviere ich die Kinder zum Aufräumen?“
Tschau!
Ahoi!
Bis morgen!
Ich muß!!
Ra

Wie bitte? Frau Zepf ist auch schwanger?!?
Also jetzt suchen wir eine Erzieherin, ...
... die Kinder nicht leiden kann!
Pa

REIN RECHNERISCH!

Als Wiedereinsteigerin werden Sie sich etwas umgewöhnen müssen ...!
Die Kinder sind nicht mehr das, was sie früher waren!
Genau! Sie sind doch die Kleine Susi aus der Eichhörnchengruppe!

Tante Wiiieland! Guck mal!!

ANNA
MIA
LEO
Die Kinder waren ja wieder schwer kreativ!

Es ist ein katholischer Kindergarten!
Ra

Hat jemand den Praktikanten gesehen?!
Ra

Mädchen-
Kindergarten
St. Johanna
Emanzen!
Ra

Gerade Einzelkindern wird im Kindergarten das Lernen von- und miteinander ermöglicht.

Montag morgens sind diese Erziehe-rinnen immer völlig durch den Wind ...!
Zuviel Fern-sehen am Wochenende!
Pa

Grüß Gott! Ich bin Ihre Super-
visorin!
Ra

Wir spielen „Aktion müll-
freier Kindergarten"!
Ra

Sie werden doch wegen der kleinen Bronchitis nicht zu Hause bleiben...?!
Kiga morgen geschlossen

Max und Sonja schick ich mit sowas ja auch hin!
Ra

Ja Herrgott-Sack-am-Bändel!!
Frau Mörické sagt, das sagt man nicht!
Deine Frau Mörické kann mich mal!!
Sagt man auch nicht!
Ra

Jetzt brauchen wir noch einen Vater als Osterhasen!
Wie wär's denn mit Ihnen, Herr Gündlich??
Kommt gar nicht in Frage!
Ich bin schon Pfingstochse bei den Zweit Kläßlern!

Schlimm: Männermangel im Kindergarten!
Das ist doch Frau Seybold!
Ra

Weißt du, was meine alte Kindergärtnerin jetzt sagen würde ...?!?
Ra

Ich bin Kindergärtner geworden, ...
... damit ich auch mal zu einer Talkshow eingeladen werde!
Ra

Was ist eigentlich aus dem neuen Erzieher geworden?
Der läßt sich umschulen. Auf Familientherapeut.
Wie kommt er denn auf sowas?!
Ra

Vielleicht melden Sie ihn besser im Waldkindergarten an ...!

Burn-out bei den Erziehe-rinnen? Aber nein!
Bei uns gibt's immer genug Zünd-stoff!!
Ra

Na? War's nett mit den Kleinen?
Ra

Du, Amir, sag deiner Mama bitte, sie soll dir...
...Keinen Süßkram mehr mitgeben!
Ich bin doch nicht blöd!
Ra

Von Herzen

Nelly hat erzählt, daß Sie wieder was für Muttertag basteln!
Eigentlich ein bißchen veraltet, finden Sie nicht?
Wo doch heutzutage die Väter genauso an Haushalt und Erziehung beteiligt sind...
Und dann: Dankbarkeit auf Knopfdruck – das funktioniert doch nicht bei Kindern!
Wußten Sie übrigens, daß der Muttertag eine Erfindung der Nazis ist?
Naja, viel Spaß jedenfalls!
Zum Donnerwetter!! Wer hat schon wieder die Herzschablone verschlampert?!?
Ra

Natürlich gibt es für Erzieherinn-en sehr interessante Aufstiegs-möglichkeiten!
Sie Können zum Beispiel den Pfarrer heiraten...!
Ra

Eins wollte ich dir schon lange sagen...
Nur zu!

Frag deinen Papa bitte, ob wir ihn mal bei der Arbeit besuchen dürfen!
Ra

Buhuu!
Macht deine Mutter immer so ein Theater, wenn sie dich bringt?
Wahrscheinlich kannst du dich unbewußt nicht von ihr trennen!
Schmarrn!

Afghanisch für Kinder-gärtnerinnen

Sehr gern hätten wir natürlich auch einen männlichen Eltern-vertreter...!
?!
Frau Beck
Frau Schüle
Klopf!
Klopf!
Pa

Eigen-motiviertes Lernen:
spritz!
Grobziel
spritz!
Feinziel

Als Erzieher kannst du doch keine Familie ernähren!
Doch, doch! Kein Problem!
Ich sammel die nichtgegessenen Vesperbrote ein!
Pa

Freispiel!!
Der reinste Kindergarten!

Ich habe mich erkundigt: In Deutschland gibt es keine Kindergarten-pflicht!

Bitte geben Sie Ihrem Kind bis morgen 20 leere Klopapierrollen mit!
!
wickel!
Ra

Ernährungs-Pädagogik

Um ein offeneres Verhältnis zwischen Kindergarten und Elternhaus zu erreichen, ...
... machen wir neuerdings unangekündigte Hausbesuche!
Ra

Wie ich sehe, trinken Sie wieder Kaffee in Ihrer Verfügungszeit...!
Eltern-gespräche
Fortbildung 5
Fortbildung 3
BASTELN
reparieren!
Türkische Bräuche
Ra

Ich möchte unser Kind anmelden.
Junge oder Mädchen?
Das erfahr ich erst Freitag beim Ultraschall!
Kinder-garten
Ra

Die Großen sind einfach unausgelastet!
Ihnen fehlt eine sinnvolle altersgemäße Beschäftigung!
Aber wir haben das Problem bald im Griff!
Wohin mit den Computern?
Ra

Immer süß, wie die großen Mädchen die Kleinen bemuttern...!
Wenn du jetzt nicht spurst, gibt's einen Popoklatsch!
Pa

Also in der Kindergartenordnung kann ich keinen diesbezüglichen Paragraphen finden!
STREIK
Pa

Du, Mama: Die neue Praktikantin hat einen NASEN-RING!
Echt?
Find ich voll eklig!
Wie-so?
Stört doch total beim Popeln!
Ra

Tooooor!!
Frauen!

Vorgeschmack

Der Zoobesuch wurde für alle ein bleibendes Erlebnis.

Und ist Sven tagsüber schon sauber?
Ja, ist er!
Jedenfalls da, wo Sie meinen...!
Ra

Weihnachten? Da wurde Jesus geboren. In einer Krippe.
War seine Mama Erzieherin?
Pa

Lernziel: Offenheit und Toleranz gegenüber anderen Kulturen.

Ich sagte: „Haben Sie es schon mal mit einer STILLE-MEDITATION probiert?"!!
ff
tuuuut!
iiiiih!!
sss
tock! tock!
tschingbum!
Ra